성인문해교과서 초등과정

소망의 나무

3

교육부 국가평생교육진흥원

교과서 공부 이렇게 해요

단원명

이 단원의 학습 제재나 주제를 나타냅니다.

단원 학습 목표

단원 전체에서 공부해야 할 목표를 나타냅니다.

생각 열기/도입

수업을 시작할 때 학습 주제와 관련지어 생각해 보거나 함께 이야기할 수 있는 내용을 그림이나 글로 나타낸 부분입니다. 제시 내용과 관련한 다양한 경험과 궁금증을 서로 이야기하며 재미있게 공부를 시작하는 부분입니다.

4 가방을 메고

• 'ㅐ, ㅔ, ㅚ, ㅟ'가 들어간 낱말을 읽고 써 봅시다.

1 'ㅐ, ㅔ'가 들어간 낱말 읽고 쓰기

1 그림을 보며 글을 읽어 봅시다.

가방을 메고
학교 가는 길
배움의 길
나를 찾아가는 길

42

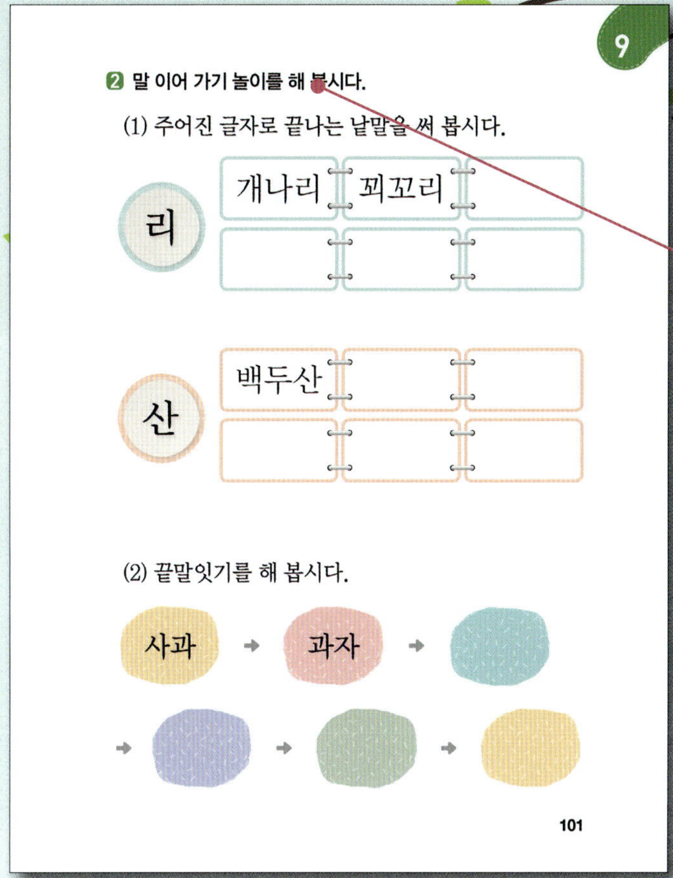

9

2 말 이어 가기 놀이를 해 봅시다.

(1) 주어진 글자로 끝나는 낱말을 써 봅시다.

리	개나리	꾀꼬리	

산	백두산		

(2) 끝말잇기를 해 봅시다.

사과 → 과자 → ( ) → ( ) → ( ) → ( )

101

차시 학습 주제

단원 목표 중에서 그 시간(1~2시간)에 공부할 주제나 내용을 나타냅니다.

쉼터

단풍잎으로 책갈피를 만들어 봅시다.

1 단풍잎 책갈피를 만들어 봅시다.

① 단풍잎 모으고 정리하기

② 책 사이에 넣기

③ 누르기

④ 코팅하여 오리기

98

쉼터

창의적 체험활동을 나타낸 부분입니다. 창의적 체험활동은 지역이나 학습 여건에 따라 교과서에 제시된 활동을 바탕으로 하여 재구성하거나, 연간 계획에 따라 재량으로 별도 구성하여 운영해도 됩니다.

'쉼터'는 학생들과 교과 학습 외에 다양하게 공부하고 생각해 볼 수 있는 주제들을 계획적으로 구성해 보다 알찬 '문해 과정'이 되도록 하나의 예로 제시한 것입니다.

차례

1. 힘찬 발걸음 6

2. 동물원에서 18

3. 웃어요 30

4. 가방을 메고 42

5. 옛날얘기 54

6. 햇볕은 쨍쨍 66

7. 발품 팔아 78

8. 시골 풍경 90

9. 말놀이 100

10. 세 자리 수 110

1 힘찬 발걸음

• 주변에서 쌍자음자가 들어간 낱말을 찾아 읽어 봅시다.

1 개학 날 소감 나누기

1 그림을 보며 개학 날의 마음을 이야기해 봅시다.

개학 날 아침
하나 둘, 하나 둘
힘찬 발걸음
들뜬 내 마음

❷ 개학 날의 소감을 이야기해 봅시다.

(1) 나의 마음을 표현하는 말들을 골라 써 봅시다.

반갑다	즐겁다
기쁘다	기대하다
슬프다	걱정이다
들뜨다	두렵다
속상하다	기다리다
좋다	짜증 나다

(2) 나의 소감을 이야기해 봅시다.

2 쌍자음자 알아보기

1 쌍자음자의 이름을 알아봅시다.

자음자	이름	쌍자음자	이름
ㄱ	기역	ㄲ	쌍기역
ㄷ	디귿	ㄸ	쌍디귿
ㅂ	비읍	ㅃ	쌍비읍
ㅅ	시옷	ㅆ	쌍시옷
ㅈ	지읒	ㅉ	쌍지읒

2 쌍자음자를 쓰는 순서에 맞게 써 봅시다.

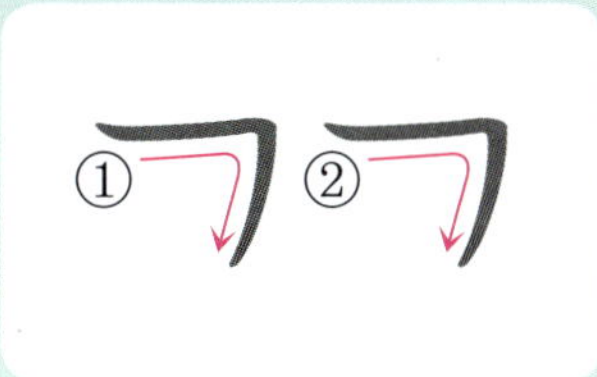

쌍기역

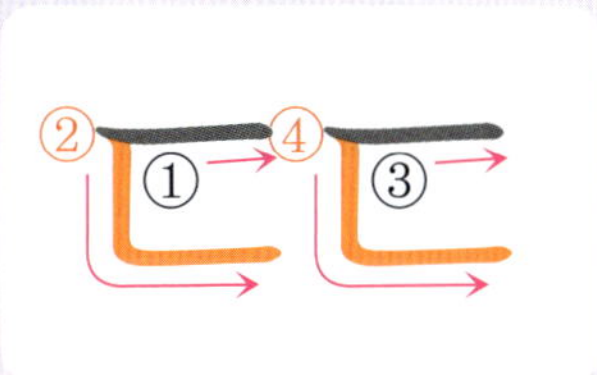

쌍디귿

쌍비읍

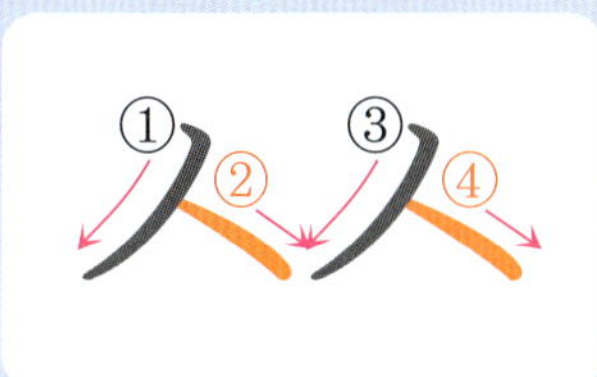

쌍시옷

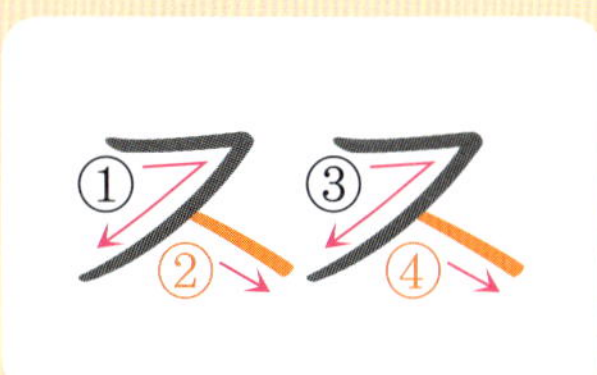

쌍지읒

ㄲ	ㄲ	
ㄸ	ㄸ	
ㅃ	ㅃ	
ㅆ	ㅆ	
ㅉ	ㅉ	

3 쌍자음자를 찾고 빈칸에 써 봅시다.

ㄲ ㄸ ㅉ ㄱ ㄷ ㄴ ㅆ ㄹ ㅂ ㅁ ㅅ ㅃ

4 글자와 이름을 선으로 이어 봅시다.

ㄲ	쌍디귿
ㄸ	쌍기역
ㅆ	쌍시옷

5 낱말에서 쌍자음자를 찾아 ◯표를 하고 빈칸에 써 봅시다.

찌다 ㅉ

도끼

허리띠

고삐

아가씨

③ 간판에 쓰인 여러 쌍자음자를 읽고 쓰기

1 간판에 쓰인 쌍자음자를 읽어 봅시다.

(1) 쌍자음자가 들어간 글자를 읽어 봅시다.

꾸	또	빠	싸	짜

2 달라진 글자를 찾고, 비교하며 읽어 봅시다.

주구미	···▸	주꾸미
도다시	···▸	또다시
아바	···▸	아빠
사다	···▸	싸다
자장	···▸	짜장

3 소리의 차이를 비교하며 읽어 봅시다.

구	도	바	자	사
꾸	또	빠	짜	싸

4 쌍기역이 들어간 글자에 ○표를 해 봅시다.

가지　까치　고리　꼬리

5 쌍디귿이 들어간 글자에 ○표를 해 봅시다.

다리미　따오기　더하다　떠나다

6 쌍비읍이 들어간 글자에 ○표를 해 봅시다.

오빠　바지　부리　뿌리

7 쌍시옷이 들어간 글자에 ○표를 해 봅시다.

싸다　사다　소리　쏘가리

8 쌍지읒이 들어간 글자에 ○표를 해 봅시다.

짜다　자다　지다　찌다

9 낱말을 써 봅시다.

주꾸미	
또다시	
아빠	
싸다	
짜장	

10 단자음자를 쌍자음자로 바꾸어 써 봅시다.

구	도	바	사	자
꾸				

2 동물원에서

• 'ㄲ, ㄸ, ㅃ'이 들어간 낱말을 읽고 써 봅시다.

1 'ㄲ'이 들어간 낱말 읽고 쓰기

1 동물들의 이름을 알아봅시다.

(1) 동물들의 이름을 읽어 봅시다.

까치	기린	토끼	사자	코끼리

2 두 낱말을 비교하며 읽어 봅시다.

ㄱ 기역  가지

ㄲ 쌍기역  까치

3 소리의 차이를 생각하며 써 봅시다.

가	거	고	구	그	기
까	꺼	꼬	꾸	끄	끼

4 'ㄲ'이 들어간 글자를 써 봅시다.

		모음자					
		ㅏ	ㅓ	ㅗ	ㅜ	ㅡ	ㅣ
쌍자음자	ㄲ						
	ㄲ						

5 'ㄲ'이 들어간 낱말을 읽고 써 봅시다.

까치	
두꺼비	
꼬리	
꾸러미	
끄다	
코끼리	

6 낱말을 완성해 봅시다.

	리

두		비

코		리

7 낱말을 순서대로 읽고 써 봅시다.

가지	거미	고구마
까치	꺼지다	꼬마
깍두기	껍질	꽃집

8 쌍자음자에 주의하며 글을 읽어 봅시다.

커다란 코끼리 앞
놀란 꼬마는
토끼처럼 깡충깡충

2 'ㄸ'이 들어간 낱말 읽고 쓰기

1 그림을 보며 낱말을 읽어 봅시다.

갈매기 끼룩끼룩
따오기 따옥따옥

2 두 낱말을 비교하며 읽어 봅시다.

ㄷ	디귿		다리미
ㄸ	쌍디귿		따오기

3 소리의 차이를 생각하며 써 봅시다.

다	더	도	두	드	디
따	떠	또	뚜	뜨	띠

4 'ㄸ'이 들어간 글자를 써 봅시다.

		모음자					
		ㅏ	ㅓ	ㅗ	ㅜ	ㅡ	ㅣ
쌍자음자	ㄸ						
	ㄸ						

5 'ㄸ'이 들어간 낱말을 읽고 써 봅시다.

따오기	
떡집	
똑바로	
뚜껑	
뜨다	
허리띠	

6 낱말을 완성해 봅시다.

	껑

	오	기

허	리	

7 낱말을 순서대로 읽고 써 봅시다.

더하기	두부	도마
떠나다	뚜껑	또르르
떡집	뚝심	똑바로

8 쌍자음자에 주의하며 글을 읽어 봅시다.

따오기

한정동

보일 듯이 보일 듯이
보이지 않는
따옥 따옥 따옥 소리
처량한 소리

③ 'ㅃ'이 들어간 낱말 읽고 쓰기

1 소풍 가는 날의 느낌을 말해 봅시다.

몸은 바**빠**요.
마음은 들떠요.

2 두 낱말을 비교하며 읽어 봅시다.

ㅂ	비읍		부리
ㅃ	쌍비읍		뿌리

3 소리의 차이를 생각하며 써 봅시다.

바	버	보	부	브	비
빠	뻐	뽀	뿌	쁘	삐

4 'ㅃ'이 들어간 글자를 써 봅시다.

		모음자					
		ㅏ	ㅓ	ㅗ	ㅜ	ㅡ	ㅣ
쌍자음자	ㅃ						
	ㅃ						

5 'ㅃ'이 들어간 낱말을 읽고 써 봅시다.

오빠	
뻐꾸기	
뽑다	
뿌리	
바쁘다	
고삐	

6 낱말을 완성해 봅시다.

	리

	꾸	기

고	

7 낱말을 순서대로 읽고 써 봅시다.

바지	버섯	보리
빠르다	뻐꾸기	뽀드득
빵집	뻘뻘	뽑다

8 쌍자음자에 주의하며 글을 읽어 봅시다.

소풍 가는 날
신나서 들떠요.
몸도 마음도 바쁘지만
나는 정말 기뻐요.

3 웃어요

• 'ㅆ, ㅉ'이 들어간 낱말을 읽고 써 봅시다.

1 'ㅆ'이 들어간 낱말 읽고 쓰기

1 그림을 보며 글을 읽어 봅시다.

2 두 낱말을 비교하며 읽어 봅시다.

ㅅ	시옷		사다리
ㅆ	쌍시옷		싸리비

3 소리의 차이를 생각하며 써 봅시다.

사	서	소	수	스	시
싸	써	쏘	쑤	쓰	씨

4 'ㅆ'이 들어간 글자를 써 봅시다.

		모음자					
		ㅏ	ㅓ	ㅗ	ㅜ	ㅡ	ㅣ
쌍자음자	ㅆ						
	ㅆ						

5 'ㅆ'이 들어간 낱말을 읽고 써 봅시다.

싸리비	
썰물	
쏘가리	
쑥떡	
쓰다	
아저씨	

6 낱말을 완성해 봅시다.

	다

	리	비

아	저	

7 낱말을 순서대로 읽고 써 봅시다.

사다리	수리	서울
싸리비	쑤시다	써보다
쌈지	쑥떡	썰물

8 쌍자음자에 주의하며 글을 읽어 봅시다.

하하, 호호, 깔깔, 껄껄
김밥, 상추쌈, 쑥떡도 있고
즐거운 아저씨, 아주머니

2 'ㅉ'이 들어간 낱말 읽고 쓰기

1 그림을 보며 글을 읽어 봅시다.

얼굴 찌푸리지 말아요.
짜증 나는 일은 잊어요.

❷ 두 낱말을 비교하며 읽어 봅시다.

ㅈ	지읒		자다
ㅉ	쌍지읒		짜다

❸ 소리의 차이를 생각하며 써 봅시다.

자	저	조	주	즈	지
짜	쩌	쪼	쭈	쯔	찌

❹ 'ㅉ'이 들어간 글자를 써 봅시다.

		모음자					
		ㅏ	ㅓ	ㅗ	ㅜ	ㅡ	ㅣ
쌍자음자	ㅉ						
	ㅉ						

5 'ㅉ'이 들어간 낱말을 읽고 써 봅시다.

짜장면	
어쩌나	
쪼르르	
쭈그리다	
버찌	
갈비찜	

6 낱말을 완성해 봅시다.

버	

	장	면

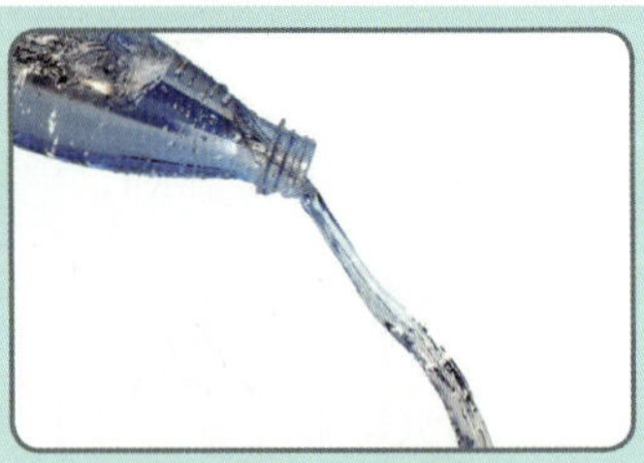

	르	르

7 낱말을 순서대로 읽고 써 봅시다.

자다	조사	휴지
짜다	쪼르르	버찌
짝꿍	쪽파	갈비찜

8 쌍자음자에 주의하며 글을 읽어 봅시다.

찌푸린 내 얼굴
쪼르르 짝꿍이 달려와 웃어요.
짜증 나는 일은 잊어요.
우리 모두 웃어요.

3 주변에서 'ㄲ, ㄸ'이 들어간 낱말 찾기

1 알뜰 시장에 나온 물건들의 이름을 읽어 봅시다.

(1) 'ㄲ, ㄸ'이 들어간 글자를 찾아 써 봅시다.

2 주어진 글자를 빈칸에 쓰고 읽어 봅시다.

뜰

알□ 시장에 가요.

끼

토□ 인형이

끄

미□럼틀을 타요.

띠

머리□를 한 곰 인형은

꼬

□마 자동차를 타요.

깔

모두 □□ 웃어요.

4 주변에서 'ㅃ, ㅆ, ㅉ'이 들어간 낱말 찾기

1 그림에서 'ㅃ, ㅆ, ㅉ'이 들어간 글자를 찾고 간판을 읽어 봅시다.

(1) 간판을 읽을 수 있게 되었을 때의 느낌을 이야기해 봅시다.

2 낱말을 읽고 써 봅시다.

오복짬뽕	
짝꿍커피	
뽕잎국수	
쌈지학교	

3 쌍자음자에 주의하며 글을 읽어 봅시다.

간판이 보인다.
오복짬뽕, 짝꿍커피
글자를 따라가다 보면
어느덧
난 학교에 도착한다.

4 가방을 메고

• 'ㅐ, ㅔ, ㅚ, ㅟ'가 들어간 낱말을 읽고 써 봅시다.

1 'ㅐ, ㅔ'가 들어간 낱말 읽고 쓰기

1 그림을 보며 글을 읽어 봅시다.

가방을 메고
학교 가는 길
배움의 길
나를 찾아가는 길

2 ‘ㅐ’의 짜임을 알아보고 써 봅시다.

ㅏ + ㅣ ㅐ

개	내	래	애	채	해

3 ‘ㅐ’가 들어간 낱말을 읽고 써 봅시다.

개업	
내복	
노래	
채소	
애국가	
해맞이	

4 ‘ㅔ’의 짜임을 알아보고 써 봅시다.

ㅓ + ㅣ → ㅔ

게	데	메	세	제	테

5 ‘ㅔ’가 들어간 낱말을 읽고 써 봅시다.

가게	
데치다	
메다	
세금	
제사	
테두리	

6 길을 따라가며 바르게 쓴 낱말을 찾아봅시다.

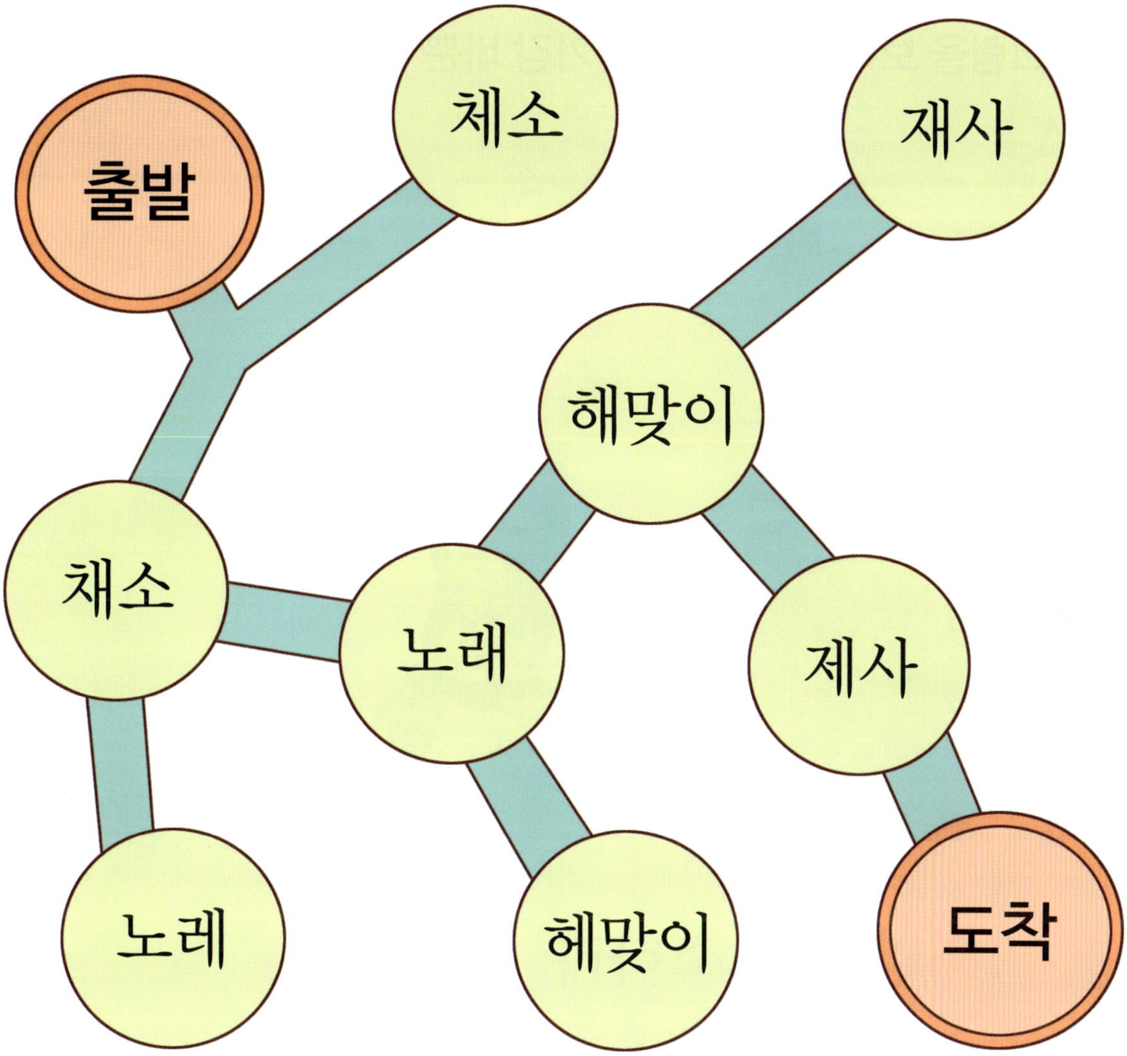

7 모음자에 주의하며 문장을 읽어 봅시다.

생각을 바꾸면 세상이 변한다.

메주도 쑤고, 채소도 데친다.

2 'ㅚ, ㅟ'가 들어간 낱말 읽고 쓰기

1 그림을 보며 나의 하루 중 가장 바쁜 때를 이야기해 봅시다.

외양간 청소하랴
새참 국수 준비하랴
쉬어 갈 틈도 없이
바쁘다 바빠.

2 'ㅚ'의 짜임을 알아보고 써 봅시다.

ㅗ + ㅣ → ㅚ

괴	되	쇠	외	최	회

3 'ㅚ'가 들어간 낱말을 읽고 써 봅시다.

괴롭다	
되풀이	
열쇠	
외출	
최고	
친목회	

4 'ㅟ'의 짜임을 알아보고 써 봅시다.

ㅜ + ㅣ ㅟ

귀	뒤	쉬	위	취	튀

5 'ㅟ'가 들어간 낱말을 읽고 써 봅시다.

귀금속	
앞뒤	
쉬다	
바위	
취소	
튀김	

6 그림에 알맞은 낱말을 골라 ○표를 하고 써 봅시다.

바이
바위

티김
튀김

열쇠
열세

체고
최고

바			김	열			고
바			김	열			고

7 모음자에 주의하며 문장을 읽어 봅시다.

친목회를 취소하고 쉬었다.

배우고 준비하라. 그러면 기회는 온다.

3 'ㅐ, ㅔ, ㅚ, ㅟ'가 들어간 낱말 읽고 쓰기

1 'ㅐ, ㅔ'가 들어간 낱말을 읽고 써 봅시다.

개

개업	개	업				
개교	개	교				

새

새봄	새	봄				
새살림	새	살	림			

체

신체	신	체				
체육	체	육				

세

전세	전	세				
세무서	세	무	서			

2 'ㅚ, ㅟ'가 들어간 낱말을 읽고 써 봅시다.

외

외출 | 외 | 출 | | | |

외국 | 외 | 국 | | | |

최

최고 | 최 | 고 | | | |

최상급 | 최 | 상 | 급 | | |

취

취업 | 취 | 업 | | | |

취직 | 취 | 직 | | | |

귀

귀금속 | 귀 | 금 | 속 | | |

귀하다 | 귀 | 하 | 다 | | |

쉼터

한글날을 알아봅시다.

1 다음은 어떤 날과 관련된 낱말인지 알아봅시다.

세종 대왕

훈민정음

한국의 글자

국경일

10월 9일

한글

2 빈칸에 들어갈 알맞은 낱말을 보기에서 골라 써 봅시다.

보기

훈민정음 한글날 국경일

(1) 백성을 가르치는 바른 소리

(2) 나라에서 특별한 일을 기념해 정한 날

(3) 해마다 10월 9일의 국경일

5 옛날애기

• 이중 모음자가 들어간 낱말을 읽고 써 봅시다.

1 'ㅘ, ㅝ, ㅢ'가 들어간 낱말 읽고 쓰기

1 내 마음과 비교하며 글을 읽어 봅시다.

어서 글을 배워
동화책도 술술 읽어 주고
너와 나의 이야기도
술술 써야지.

2 'ㅘ'의 짜임을 알아보고 써 봅시다.

ㅗ + ㅏ ㅘ

과	놔	와	좌	화

3 'ㅘ'가 들어간 낱말을 읽고 써 봅시다.

과일	
놔두다	
기와	
좌우	
동화책	

4 'ㅝ'의 짜임을 알아보고 써 봅시다.

ㅜ + ㅓ ㅝ

궈	눠	뭐	워	훠

5 'ㅝ'가 들어간 낱말을 읽고 써 봅시다.

인권	
나눠	
뭘	
소원	
훤하다	

6 'ㅢ'의 짜임을 알아보고 써 봅시다.

ㅡ + ㅣ ㅢ

늬	의	희	늬	의	희

7 'ㅢ'가 들어간 낱말을 읽고 써 봅시다.

무늬	
의자	
회의	
희소식	
희미하다	

2 'ㅒ, ㅖ, ㅙ, ㅞ'가 들어간 낱말 읽고 쓰기

1 옛이야기를 듣고 들려준 경험을 이야기해 봅시다.

예쁜 콩쥐, 효녀 심청
웬만큼 다 들은 얘기
그래도 왠지 또 듣고 싶은
할머니의 옛날얘기

2 'ㅒ'의 짜임을 알아보고 낱말을 써 봅시다.

ㅑ + ㅣ ㅒ

걔	
얘기	

3 'ㅖ'의 짜임을 알아보고 낱말을 써 봅시다.

ㅕ + ㅣ ㅖ

계산	
예절	
은혜	

4 'ㅙ'의 짜임을 알아보고 낱말을 써 봅시다.

ㅗ + ㅏ + ㅣ ㅙ

돼지	
왜	
왠지	

5 'ㅞ'의 짜임을 알아보고 낱말을 써 봅시다.

ㅜ + ㅓ + ㅣ ㅞ

궤짝	
웨딩	
웬일	

6 그림에 알맞은 낱말을 골라 ◯표를 하고 써 봅시다.

게짝 궤짝		계산 개산	
예절 애절		돼지 대지	

	짝		산		절		지
	짝		산		절		지

7 모음자에 주의하며 문장을 읽어 봅시다.

그 **웨**딩드레스가 **왜** **예**쁘니?

왠지 **옛**날**애**기가 듣고 싶다.

3 이야기 속 이중 모음자 낱말 읽고 쓰기

1 모음자에 주의하며 동화의 제목을 읽어 봅시다.

콩쥐와 팥쥐

의좋은 형제

은혜 갚은 꿩

아기 돼지 삼 형제

2 이중 모음자가 들어간 낱말을 읽고 써 봅시다.

옛날	
얘기	
동화	
의좋다	
형제	
은혜	
꿩	
돼지	

3 글을 읽고 써 봅시다.

예쁜 콩쥐

여우 같은 팥쥐

의좋은 형제

은혜 갚은 꿩

아기 돼지 삼 형제

4 그림과 어울리는 제목을 **보기**에서 골라 써 봅시다.

보기

은혜 갚은 꿩　　콩쥐와 팥쥐

아기 돼지 삼 형제　　의좋은 형제

콩쥐□ 팥쥐

□좋은 형제

은□ 갚은 □

아기□지삼형제

6 햇볕은 쨍쨍

• 쌍자음자가 들어간 흉내말을 읽고 써 봅시다.

1 흉내 내는 말 알아보기 1

1 그림을 보며 글을 읽어 봅시다.

(1) 글에서 흉내 내는 말을 찾아봅시다.

2 쌍자음자가 들어간 낱말을 읽어 봅시다.

꼬르륵 쨍그랑 따르릉

3 흉내 내는 말을 읽어 봅시다.

똑딱똑딱

쓱싹쓱싹

짤랑짤랑

삐악삐악

4 낱말을 읽고 써 봅시다.

똑	딱	똑	딱
똑	딱	똑	딱

쓱	싹	쓱	싹
쓱	싹	쓱	싹

꿀	꺽	꿀	꺽
꿀	꺽	꿀	꺽

삐	악	삐	악
삐	악	삐	악

짤	랑	짤	랑
짤	랑	짤	랑

뽀	글	뽀	글
뽀	글	뽀	글

5 두 문장을 비교하며 읽어 봅시다.

유리창이 깨진다.

유리창이 쨍그랑 깨진다.

6 (   ) 안에 들어갈 알맞은 말을 보기에서 찾아 써 봅시다.

보기

똑딱똑딱	냠냠	쩌렁쩌렁

(1) 시계는 (   ) 간다.

(2) 종소리가 (   ) 울린다.

(3) 아이가 과자를 (   ) 먹는다.

2 흉내 내는 말 알아보기 2

1 쌍자음자가 들어간 낱말을 읽어 봅시다.

쑥쑥 | 뚜벅뚜벅 | 끄덕끄덕

2 흉내 내는 말을 읽어 봅시다.

탱글탱글

폴짝폴짝

끄덕끄덕

사뿐사뿐

3 낱말을 읽고 써 봅시다.

탱	글	탱	글
탱	글	탱	글

폴	짝	폴	짝
폴	짝	폴	짝

끄	덕	끄	덕
끄	덕	끄	덕

사	뿐	사	뿐
사	뿐	사	뿐

꼬	불	꼬	불
꼬	불	꼬	불

반	짝	반	짝
반	짝	반	짝

4 두 문장을 비교하며 읽어 봅시다.

아이가 뛰다.

아이가 폴짝폴짝 뛰다.

5 (   ) 안에 들어갈 알맞은 말을 보기에서 찾아 써 봅시다.

보기

사뿐사뿐	쫑긋	꾸벅꾸벅

(1) 귀를 (   ) 세우다.

(2) 새색시가 (   ) 걷는다.

(3) 짝꿍이 (   ) 졸다.

6 문장을 써 봅시다.

꾸벅꾸벅 졸다.

실력이 쑥쑥 자란다.

귀를 쫑긋 세우다.

과자를 냠냠 먹는다.

사뿐사뿐 걷는다.

3 느낌이 다른 흉내 내는 말 읽고 쓰기

1 시를 읽어 봅시다.

오리

권태응

엄마 오리
연못 속에 퐁덩
아기 오리
엄마 따라 퐁당

엄마 오리
연못 위에 둥둥
아기 오리
엄마 따라 동동

2 두 낱말을 비교하며 읽고, 느낌을 말해 봅시다.

동동

둥둥

퐁당

풍덩

깔깔

껄껄

반짝반짝

번쩍번쩍

꼴깍꼴깍

꿀꺽꿀꺽

3 빈칸에 들어갈 흉내 내는 말을 써 봅시다.

작고 가벼운 느낌	크고 무거운 느낌
동동	둥둥
퐁당	
깔깔	
	뿌드득
	꺼끌꺼끌
꼴깍꼴깍	

쉼터

과학 발전과 우리 생활을 연관 지어 보고 편리해지거나, 불편해진 것에 대하여 이야기해 봅시다.

7 발품 팔아

• 자음자를 구별해 읽고 써 봅시다.

1 'ㄱ, ㄲ, ㅋ'을 구별해 읽고 쓰기

1 그림을 보며 글을 읽어 봅시다.

공도 사고

꽁치도 사고

콩도 산다.

2 소리의 차이를 생각하며 읽고 써 봅시다.

가지

까치

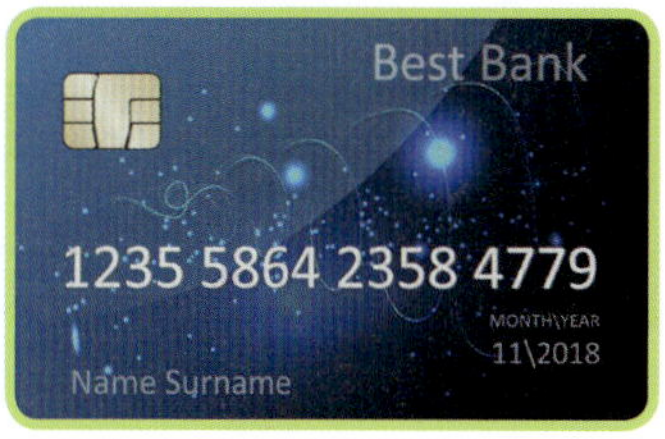

카드

3 글자의 짜임을 알아봅시다.

갈비 ㄱ + ㅏ + ㄹ → 갈

깔때기 ㄲ + ㅏ + ㄹ → 깔

칼국수 ㅋ + ㅏ + ㄹ → 칼

4 낱말을 써 봅시다.

갈	비

깔	때	기

칼	국	수

2 'ㄷ, ㄸ, ㅌ'을 구별해 읽고 쓰기

1 소리의 차이를 생각하며 읽고 써 봅시다.

다리미	따르다	타조

2 글자의 짜임을 알아봅시다.

	달	ㄷ	+	ㅏ	+	ㄹ	→	달
	딸	ㄸ	+	ㅏ	+	ㄹ	→	딸
	탈	ㅌ	+	ㅏ	+	ㄹ	→	탈

3 보기와 같이 'ㄷ, ㄸ, ㅌ'으로 바꾸어 글자를 써 봅시다.

보기

달

딸 탈

당

덕

4 낱말을 써 봅시다.

달리기	
딸기	
탈수기	
더덕	
찰떡	
문턱	

③ 'ㅂ, ㅃ, ㅍ'을 구별해 읽고 쓰기

1 소리의 차이를 생각하며 읽고 써 봅시다.

부리

뿌리

푸성귀

2 글자의 짜임을 알아봅시다.

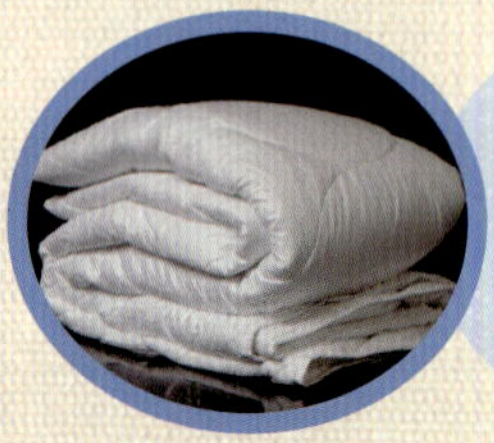

이불 ㅂ + ㅜ + ㄹ → 불

쇠뿔 ㅃ + ㅜ + ㄹ → 뿔

수풀 ㅍ + ㅜ + ㄹ → 풀

3 자음자를 바꾸어 낱말을 만들고 써 봅시다.

ㄷ	ㄸ	ㅌ
도마	또래	토마토

더		찰		문	

4 문장을 읽어 봅시다.

도마에 토마토를 놓고 자르다.

돌잡이가 밤톨처럼 똘똘하다.

5 자음자를 바꾸어 낱말을 만들고 써 봅시다.

ㅂ	ㅃ	ㅍ
부리	뿌리	푸성귀
		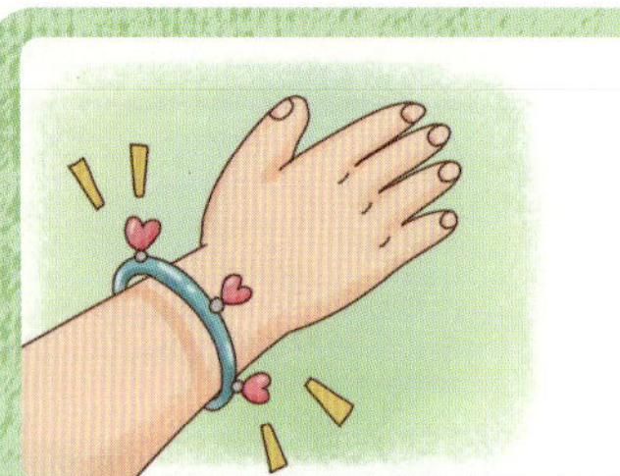
□레	□래	□찌

6 문장을 읽어 봅시다.

발품 팔며 돌아다닌다.

부엌에서 푸성귀를 씻다.

7 자음자를 바꾸어 낱말을 만들고 써 봅시다.

ㅈ	ㅉ	ㅊ
자다	짜다	차다

ㅈ	ㅉ	ㅊ
두리	지	새

8 문장을 읽어 봅시다.

잠깐 짬을 내서 다녀오다.

쪽빛 치마의 촉감이 좋다.

8 시골 풍경

• 소리가 비슷한 글자가 들어간 낱말들을 읽고 써 봅시다.

1 소리가 비슷한 글자가 들어간 낱말들 읽고 쓰기

1 그림을 보며 글을 읽어 봅시다.

새끼 밴 소는 느릿느릿

벼를 벤 농부는 덩실덩실

2 모음자를 바꾸어 낱말을 만들어 읽고 써 봅시다.

	ㅐ	ㅔ
ㄱ		
ㅂ	□ 다	□ 다
ㅅ	□ 다	□ 다

3 문장을 읽어 봅시다.

채소 가게에 다녀오다.

개가 컹컹 짖다.

농부가 풀을 베다.

소가 새끼를 배다.

물이 줄줄 새다.

머리가 하얗게 세다.

4 문장을 써 봅시다.

채소 가게에 다녀오다.

개가 컹컹 짖다.

농부가 풀을 베다.

소가 새끼를 배다.

물이 줄줄 새다.

머리가 하얗게 세다.

② 바르게 표현한 낱말 찾기

1 그림을 보고, 바르게 표현한 낱말을 찾아 ○표를 해 봅시다.

(게 / 개)를 삽니다.

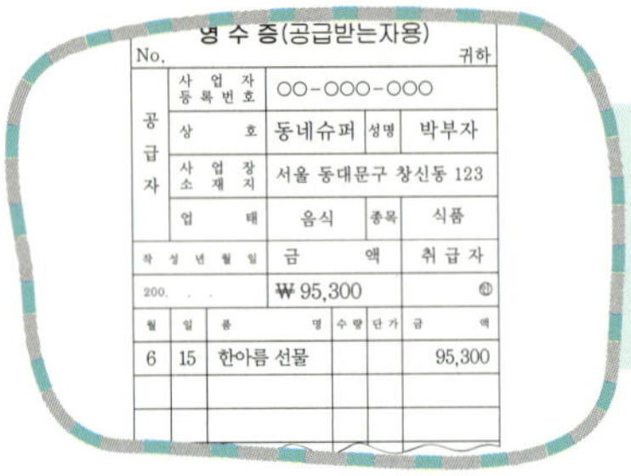

영 수 증(공급받는자용)

No. 귀하

공급자	사업자 등록번호	○○-○○○-○○○		
	상호	동네슈퍼	성명	박부자
	사업장 소재지	서울 동대문구 창신동 123		
	업태	음식	종목	식품

작성년월일	금액	취급자
200. . .	₩95,300	㊞

월	일	품명	수량	단가	금액
6	15	한아름 선물			95,300

(계산서 / 게산서)를 주세요.

(모레 / 모래)가 반짝인다.

(베개 / 배개)가 푹신하다.

채소 (가계 / 가게)에 가다.

2 각각의 낱말과 어울리는 그림을 찾고, 빈칸을 채워 봅시다.

베개	꽃게	모래	계산서

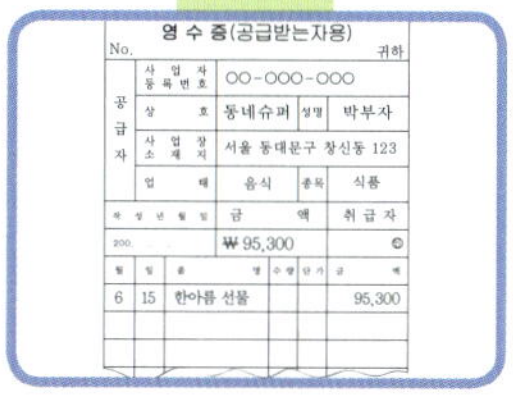

꽃□	□산서	모□	□개

3 발음에 주의하며 낱말을 읽고 써 봅시다.

가게	
찌개	
시계	

오해	
은혜	
후회	

베개	
배나무	

4 알맞은 낱말을 골라 빈칸에 써 봅시다.

찌게
찌개

김치 [ ][ ]가 칼칼하다.

은혜
은헤

받은 [ ][ ]를 돌에 새기다.

후헤
후회

[ ][ ]하며 눈물을 흘리다.

오헤
오해

싸움은 [ ][ ]를 더 크게 만든다.

쉼터

단풍잎으로 책갈피를 만들어 봅시다.

1 단풍잎 책갈피를 만들어 봅시다.

① 단풍잎 모으고 정리하기

② 책 사이에 넣기

③ 누르기

④ 코팅하여 오리기

⑤ 책갈피 꾸미기

⑥ 단풍잎 책갈피 완성

2 단풍잎 책갈피에 쓰고 싶은 말이나 그리고 싶은 모양으로 다음 그림을 꾸며 봅시다.

3 책갈피에 담긴 글이나 그림과 관련된 경험을 나누어 봅시다.

9 말놀이

• 주변의 여러 가지 낱말을 찾아 말놀이를 해 봅시다.

1 주변의 여러 가지 낱말을 찾아 말놀이하기

1 그림을 보고, '리' 자로 끝나는 낱말을 생각해 봅시다.

2 말 이어 가기 놀이를 해 봅시다.

(1) 주어진 글자로 끝나는 낱말을 써 봅시다.

리

개나리	꾀꼬리	

산

백두산		

(2) 끝말잇기를 해 봅시다.

사과 → 과자 → ( ) → ( ) → ( ) → ( )

(3) 주어진 자음자로 시작하는 낱말을 써 봅시다.

ㄲ			
	까치	꼬리	꾸러미

ㄸ			
	따오기	또래	뚜껑

(4) 끝말잇기를 해 봅시다.

고양이 → ☐ → ☐

→ ☐ → ☐ → ☐

(5) 주어진 자음자로 시작하는 낱말을 써 봅시다.

ㅃ

빠르다	빼꾸기	뿌리

ㅆ

싸다	쓰다	쑤다

(6) 끝말잇기를 해 봅시다.

가위 →   →

→   →   →

❷ 두 낱말 연결해 말놀이하기

❶ 두 낱말을 연결해 읽어 봅시다.

여자	남자	여자와 남자
채소	과일	채소와 과일
의자	책상	의자와 책상
지우개	연필	지우개와 연필
열쇠	자물쇠	열쇠와 자물쇠

2 보기와 같이 두 낱말을 연결해 써 봅시다.

보기

 채소  과일

채소와 과일

 의자  책상

 지우개  연필

 열쇠  자물쇠

3 두 낱말을 연결해 읽어 봅시다.

실	바늘	실과 바늘
곰	돼지	곰과 돼지
선생님	학생	선생님과 학생
칼	가위	칼과 가위
수박	참외	수박과 참외

4 **보기**와 같이 두 낱말을 연결해 봅시다.

보기

실

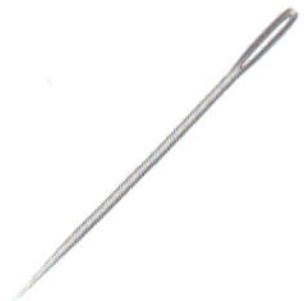
바늘

실과 바늘

곰

돼지

칼

가위

수박

참외

쉼터

시를 읽어 봅시다.

소

윤석중

아무리 배가 고파도
느릿느릿 먹는 소

비가 쏟아질 때도
느릿느릿 걷는 소

기쁜 일이 있어도
한참 있다 웃는 소

슬픈 일이 있어도
한참 있다 우는 소

「햇볕은 쨍쨍」 노래를 불러 봅시다.

햇볕은 쨍쨍

최옥란 작사
홍난파 작곡

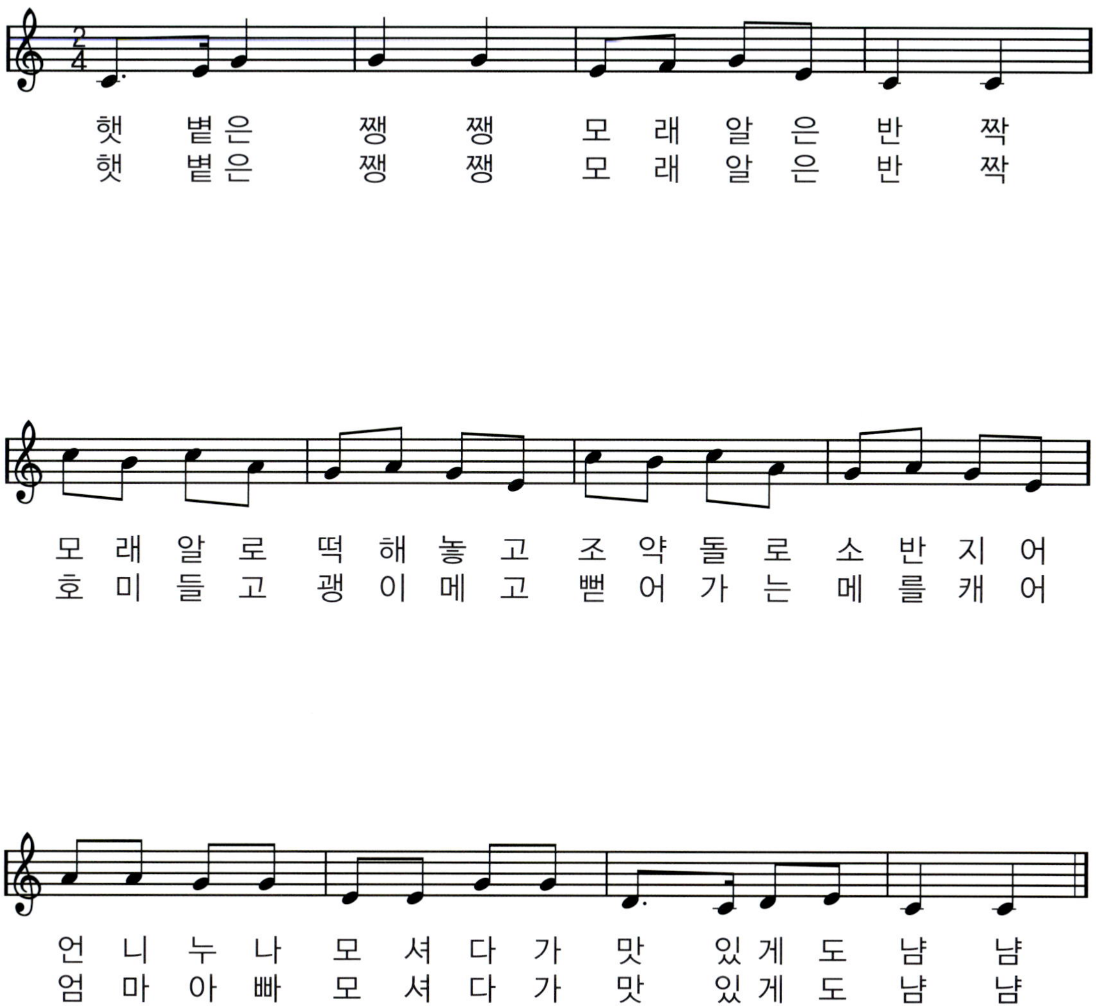

10 세 자리 수

• 세 자리 수를 익혀 봅시다.

1 세 자리 수를 알아보기

10개씩	묶음	낱개	개

99보다 1 큰 수는 '100'입니다.

10개씩 10묶음은 '100'이라 쓰고

'백'이라고 읽습니다.

100이 5이면 '500'입니다.

1 □ 안에 알맞은 수를 써 봅시다.

90 91 92 93 94 95 96 97 98 99 □

99보다 1 큰 수는 □ 입니다.

0 10 20 30 40 50 60 70 80 90 □

□ 은 90보다 10 큰 수입니다.

2 빈칸에 알맞은 수를 써 봅시다.

3 400보다 300이 더 큰 수는 □ 입니다.

4 700보다 200이 더 작은 수는 □ 입니다.

2 세 자리 수의 자릿수 익히기

100이 2, 10이 3, 1이 5이면 '235'입니다.
235는 '이백삼십오'라고 읽습니다.

백의 자리	십의 자리	일의 자리
2	3	5

↓ ↓ ↓

2	0	0
	3	0
		5

235에서

2는 백의 자리 숫자이고 200을 나타냅니다.

3은 ☐의 자리 숫자이고 ☐을 나타냅니다.

5는 ☐의 자리 숫자이고 ☐를 나타냅니다.

1 □ 안에 알맞은 수를 써 봅시다.

100이 7
10이 3 이면 □ 입니다.
1이 9

2 □ 안에 알맞은 수를 써 봅시다.

(1) 백 원짜리 동전이 5개이면 □ 원입니다.

(2) 십 원짜리 동전이 7개이면 □ 원입니다.

(3) 일 원짜리 동전이 4개이면 □ 원입니다.

(4) 모두 합치면 □ 원입니다.

3 다음은 김옥자 씨가 살고 있는 아파트 호수입니다.
김옥자 씨는 몇 호에 살고 있는지 읽고 써 봅시다.

715 □ 호

4 뛰어 세어 봅시다.

(1) 100씩 뛰어 세어 봅시다.

100		300		

(2) 10씩 뛰어 세어 봅시다.

860	870		890	

(3) 1씩 뛰어 세어 봅시다.

315		317		319

(4) 일정한 수로 뛰어 세면서 선으로 숫자를 이어 봅시다.

5 수를 비교해 봅시다.

(1) □ 안에 숫자를 쓰고 어느 수가 큰지 비교해 봅시다.

	백의 자리	십의 자리	일의 자리
254 →	2	5	4
239 →			

(2) □ 안에 숫자를 쓰고 어느 수가 큰지 비교해 봅시다.

	백의 자리	십의 자리	일의 자리
509 →	5	0	9
498 →			
512 →			

- (2)에서 가장 큰 수는 □ 입니다.
- (2)에서 가장 작은 수는 □ 입니다.

③ 세 자리 수의 크기 비교하기

1 세 자리 수의 크기를 비교하고 읽어 봅시다.

300 < 500

"삼백이 오백보다 작다."라고 읽습니다.
"오백이 삼백보다 크다."라고 읽습니다.

2 세 자리 수의 크기를 비교하고 써 봅시다.

300 [>] 200

[ ]이 [ ]보다 큽니다.

3 ○안에 >, <를 알맞게 써넣어 봅시다.

(1) 500 ◯ 600　　　200 ◯ 100

(2) 120 ◯ 150　　　250 ◯ 520

(3) 450 ◯ 550　　　670 ◯ 570

4 김순영 할머니의 세 손주들이 신체검사를 하였습니다. 세 사람의 키를 읽어 봅시다.

민수　　　민서　　　민지

145센티미터　　　138센티미터　　　157센티미터

(1) 가장 키가 큰 사람은 [　　　] 입니다.

(2) 가장 키가 작은 사람은 [　　　] 입니다.